La maladie de Charcot touche aujourd'hui plus de 7000 personnes en France.
Pour chaque livre vendu, 3 euros seront reversés à l'ARSLA, association leader dans la lutte contre cette maladie depuis 35 ans.
Plus d'informations : www.arsla.com

ARSLA
Association pour la Recherche sur la Sclérose Latérale Amyotrophique et autres Maladies du Motoneurone

Tania Hayoun

Le plus beau des papillons

Ce livre est dédié à ma maman, une femme d'exception, et à toutes les personnes touchées par la maladie de Charcot (SLA).

« ***L' Amour de ma mère, à nul autre pareil. L'amour de ma mère est immortel.*** »

Albert Cohen, Le Livre de ma mère.

Dans une immense forêt, très loin d'ici, au milieu des lys et des jasmins, vit une petite famille papillon. Le plus grand, c'est papa papillon et ses immenses ailes dorées et bleu turquoise. Maman papillon vole toujours à ses côtés, elle a des ailes magnifiques chamarrées d'or et d'argent. Leurs deux enfants papillons s'amusent un peu plus loin dans la forêt, ils se balancent sur les pétales de marguerites et rient aux éclats.

La famille papillon est appréciée par tous les animaux de la forêt ! Chaque jour, elle a de la visite : les écureuils roux viennent à l'aube, les lapins arrivent après le repas du midi tandis que les hérissons pointent le bout de leur museau à la tombée de la nuit. Les papillons aiment tant la compagnie des animaux ! À chaque visite, ils sont heureux, tourbillonnent et dansent au-dessus des animaux qui sont émerveillés par tant de beauté et de couleurs. Quand la nuit arrive, ils disent bonne nuit à leurs amis et s'endorment paisiblement dans leurs lits recouverts de pétales de roses jusqu'au chant matinal des oiseaux.

Cependant, un matin, maman papillon n'a pas le cœur à jouer avec ses amis de la forêt. Elle est fatiguée, et les magnifiques couleurs de ses ailes semblent éteintes. Afin de lui remonter le moral, papa papillon propose à maman papillon une petite balade dans la plus jolie colline aux fleurs de la région.

Mais maman papillon ne parvient pas à voler, ses ailes semblent immobiles.

Papa papillon et les enfants papillons sont inquiets. Ils appellent le magicien Monsieur Hibou, qui arrive rapidement avec trois potions magiques. Maman papillon essaie chaque potion : la bleue, la verte et la rouge.

Mais maman papillon est toujours fatiguée, les potions semblent inefficaces.

Les enfants papillons ont alors une idée pour redonner le sourire à maman papillon : prévenir tous les animaux et partir à la recherche de petits trésors dans la forêt !
« Allons voir nos amis les écureuils ! » s'écrient les enfants papillons. En attendant leur retour, papa papillon prend soin de maman papillon et la couvre de ses plus délicates attentions.

Très attristés par la nouvelle, les écureuils ont une idée : cuisiner des biscuits au miel avec l'aide des abeilles de la forêt. Tout le monde se met aux fourneaux : les abeilles s'envolent récolter le nectar des fleurs tandis que les écureuils et les enfants papillons préparent la pâte sablée en écrasant plusieurs grosses noix.

Une fois les biscuits sortis de la ruche, démoulés et joliment décorés, les enfants papillons reviennent à la maison. Maman papillon est très touchée : les biscuits au miel sont excellents ! Mais les couleurs vives et étincelantes de ses ailes ne reviennent pas.

Ses ailes semblent toujours éteintes…

« Allons voir nos amis les lapins ! » s'écrient les enfants papillons.

Les lapins sont également profondément attristés par la nouvelle. Ils ont alors une idée : cuisiner un carrot cake ! Les enfants papillons décorent joliment le gâteau et espèrent qu'il redonnera quelques forces à maman papillon. Maman papillon est une nouvelle fois très touchée par l'idée et trouve la préparation excellente.

Mais ses ailes semblent toujours éteintes...

« Allons voir nos amis les hérissons ! » s’écrient les enfants papillons. Les hérissons ont une idée : prévenir les hirondelles et proposer à maman papillon un magnifique voyage le long du fleuve des roseaux, recouvert de nymphéas.

La plus belle des hirondelles de la forêt arrive chez la famille papillon et soulève délicatement et majestueusement maman papillon. Elle vole, elle vole à nouveau et semble si heureuse ! Pourtant, ses ailes semblent toujours éteintes…
« Allons voir nos amis les oiseaux, les pics-verts ! » s'écrient les enfants papillons.

Maman papillon

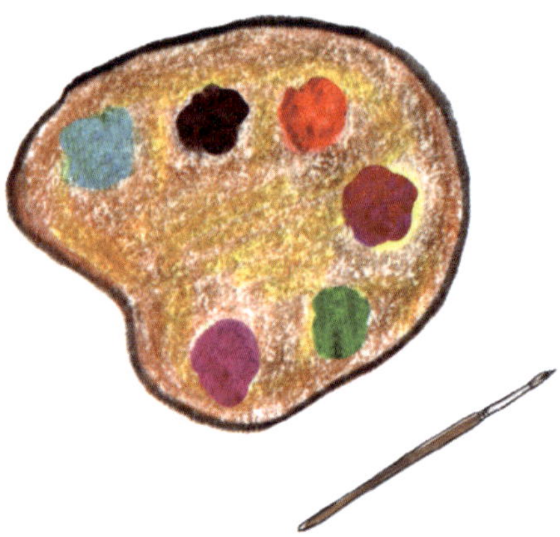

Les pics-verts ont une idée : prévenir Roney le chef des pics-verts, oiseau et peintre impressionniste, et lui demander de creuser un joli dessin dans l'écorce d'un arbre. À l'aide de son grand bec, Roney dessine un magnifique coeur dans l'arbre et écrit « maman papillon ». Les hirondelles viennent alors chercher maman papillon et lui montrent le dessin avec leur petit bec.

Elle est très touchée mais ses ailes semblent toujours éteintes...

« Allons voir nos amis les éléphants ! » s'écrient les enfants papillons.

Les éléphants ont une idée : prévenir tous les animaux de la forêt et proposer un merveilleux moment musical à maman papillon. Les oiseaux pourraient chanter, les fleurs et les papillons danser, et le célèbre pianiste éléphant Fanbert serait convié ! Quelle belle idée !

Maman papillon est comblée : tous les animaux de la forêt sont réunis pour jouer les plus belles symphonies de Fanbert. Elle est entourée par papa papillon et ses enfants papillons. Ses ailes commencent à se déployer délicatement et leurs magnifiques couleurs aux éclats dorés et argentés initialement disparues semblent revenir légèrement... Ce soir, elle brille de tous ses éclats ! Personne ne sait si elle est totalement guérie mais elle détient le plus beau trésor : elle est entourée des siens. Elle est apaisée et elle est heureuse.

Une page rien que pour toi, pour dessiner ta famille :

Lilly Jeunesse Éditions
5 rue de la Dauge -33240 Saint-André-de-Cubzac
www.lillyjeunesse.fr

ISBN : 979-10-92400-311
Dépôt légal : 4 ème trimestre 2020
Loi n°49-956 du 16 juillet 1949 sur les publications destinées à la jeunesse.

Première édition.

Imprimé en UE par Pulsio, 4ème trimestre 2020.